Impressum
Verlag: BABADADA GmbH, Nedderfeld 112 , 22529 Hamburg
Geschäftsführer / Verlagsleitung: Harald Hof
Druck: Books on Demand GmbH, In de Tarpen 42, 22848 Norderstedt

Imprint
Publisher: BABADADA GmbH, Nedderfeld 112 , 22529 Hamburg, Germany
Managing Director / Publishing direction: Harald Hof
Print: Books on Demand GmbH, In de Tarpen 42, 22848 Norderstedt, Germany

sekoly

школа

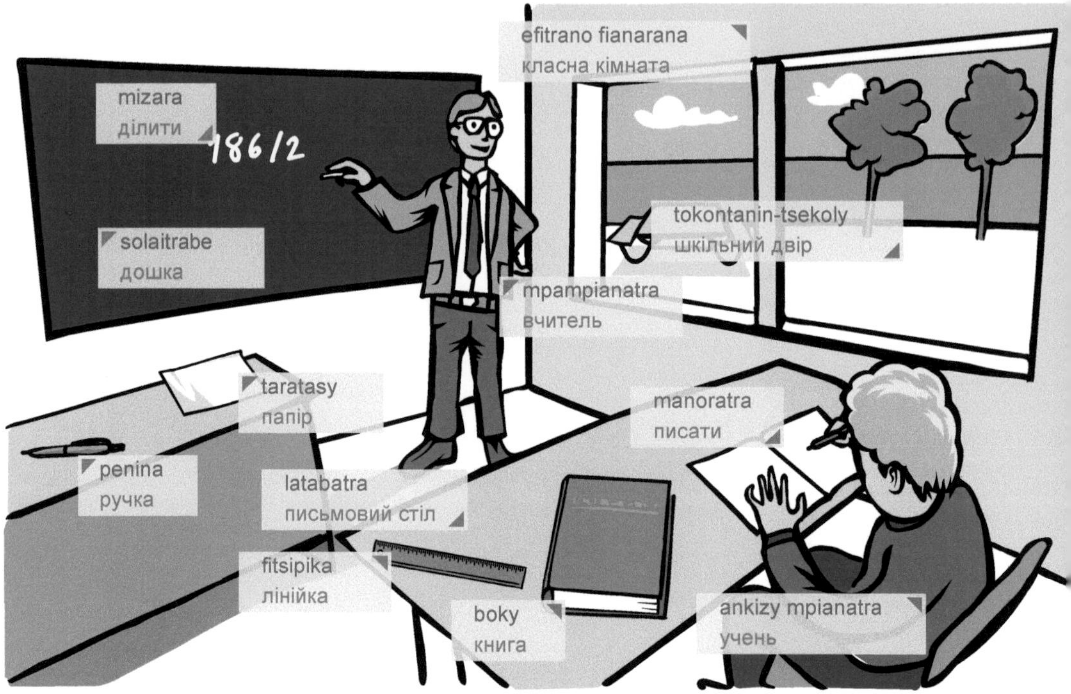
efitrano fianarana
класна кімната
mizara
ділити
186/2
solaitrabe
дошка
tokontanin-tsekoly
шкільний двір
mpampianatra
вчитель
taratasy
папір
manoratra
писати
penina
ручка
latabatra
письмовий стіл
fitsipika
лінійка
boky
книга
ankizy mpianatra
учень

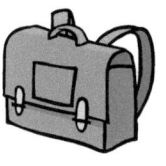

kitapo
ранець

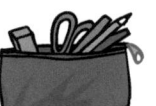

torosy
пенал

pensilihazo
олівець

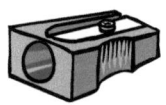

fandrangitana pensilihazo
точило

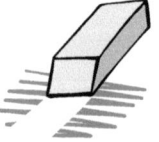

gaoma
гумка

karne fanaovana sary
альбом для малювання

sary

малюнок

borosy fandokoana

пензель

boaty loko

коробка фарб

hety

ножиці

lakaoly

клей

kahie fampiasàna

зошит

enti-mody

домашнє завдання

tarehi-marika

число

manampy

додавати

manala

віднімати

mampitombo

множити

mikajy

рахувати

taratasy

літера

abidia

абетка

teny

слово

lahatsoratra

текст

mamaky

читати

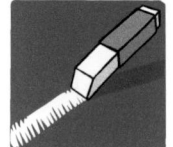

tsaoka

крейда

lesona

година

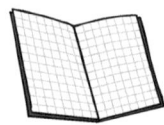

boky fianarana

класний журнал

fanadinana

екзамен

sertifikà

диплом

fanamian'ny mpianatra

шкільна форма

fiofanana

освіта

raki-pahalalana

лексикон

oniversite

університет

mikraoskaopy

мікроскоп

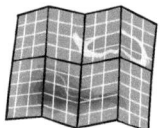

sarintany

карта

fanariana fako taratasy

кошик для паперу

fitsangatsanganana

подорож

hôtely
готель
Grand
tranom-bahiny
турбаза
ROOMS
toerana fanakalozana vola
обмінний пункт
EXCHANGE
valizy
валіза
fiara
автомобіль

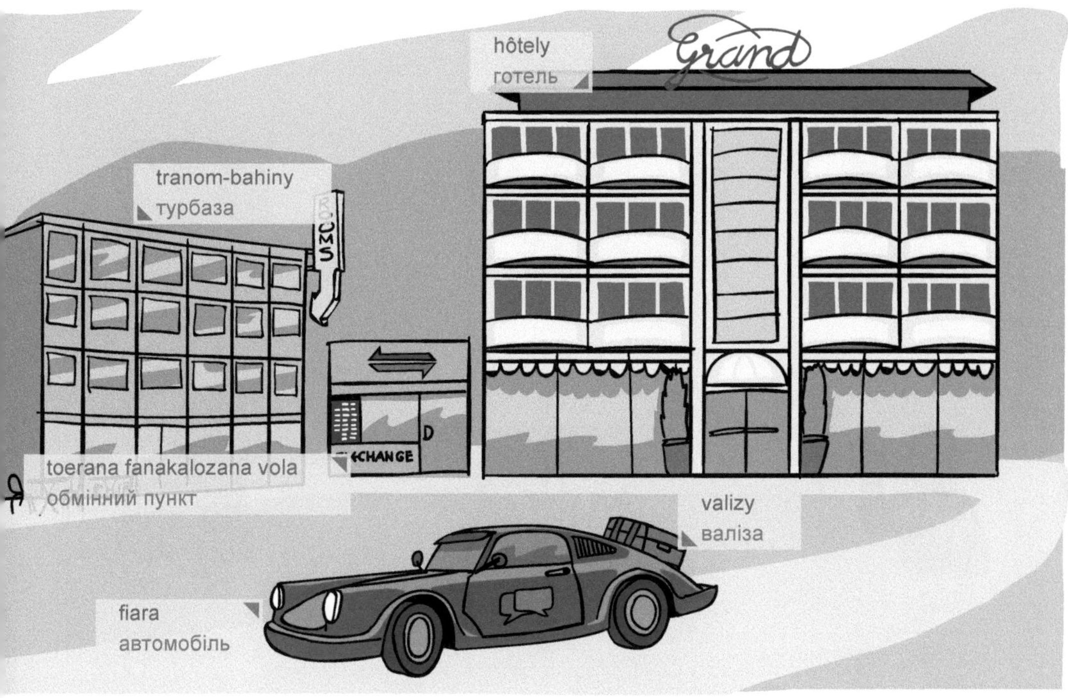

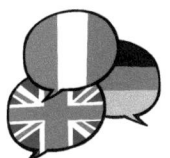

fiteny
мова

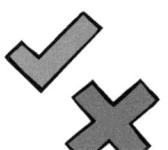

eny / tsia
так / ні

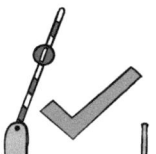

Eny àry
добре

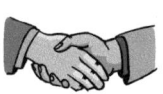

salama
привіт

mpandika teny
перекладач

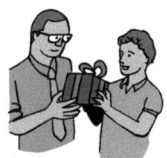

Misaotra
дякую

ohatrinona...?

Скільки коштує ...?

Tsy azoko izany

Я не розумію

olana

проблема

Salama ô!

Добрий вечір!

Arahaba tra-maraina e!

Доброго ранку!

Tsara mandry ô!

На добраніч!

veloma

До побачення

fitantanana

напрямок

entan'ny mpandeha

багаж

harona

сумка

kitapo

рюкзак

vahiny

гість

efitrano

кімната

fandriana enti-tànana

спальний мішок

tanty

намет

birao miandraikitra ny fizahantany

туристична інформація

moron-tsiraka

пляж

fahana amin'ny karatra

кредитна картка

sakafo maraina

сніданок

sakafo atoandro

обід

sakafo hariva

вечеря

tapakila

квиток

ascenseur

ліфт

hajia

поштова марка

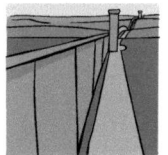

tany manasaraka

межа

fadin-tseranana

митниця

ambasady

посольство

visa

віза

pasipaoro

паспорт

fitaterana

транспорт

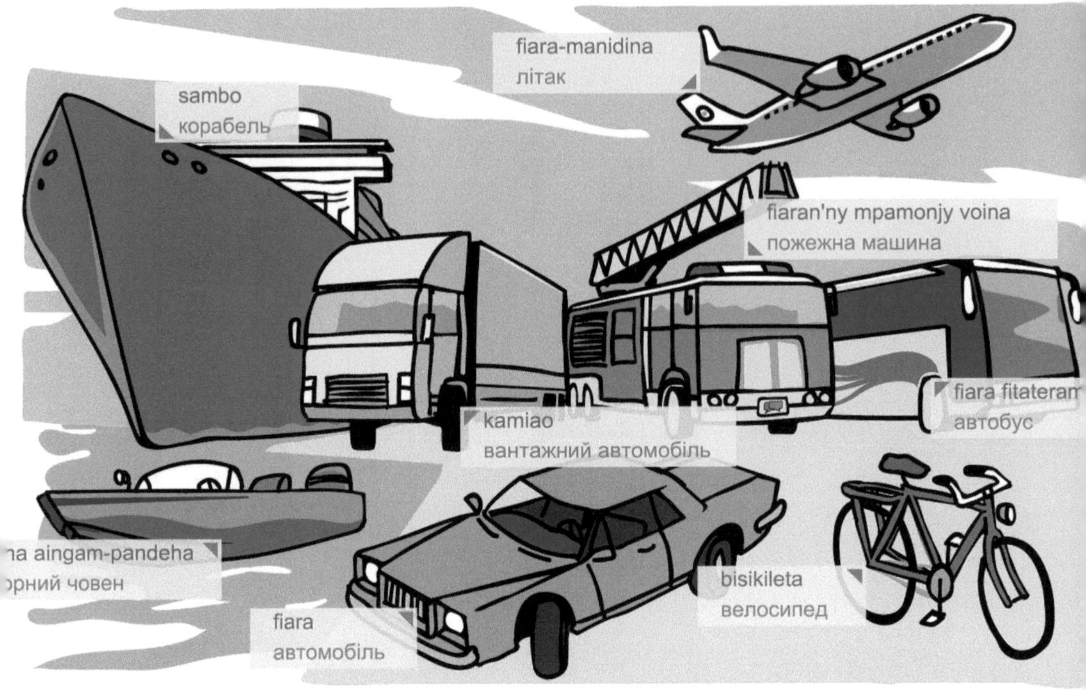

fiara-manidina
літак
sambo
корабель
fiaran'ny mpamonjy voina
пожежна машина
fiara fitateran
автобус
kamiao
вантажний автомобіль
na aingam-pandeha
рний човен
bisikileta
велосипед
fiara
автомобіль

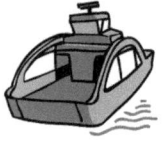

sambobe

пором

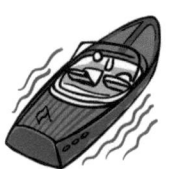

sambo

човен

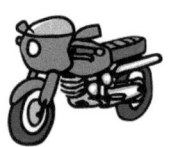

môtô

мотоцикл

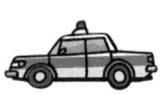

fiaran'ny polisy

поліцейська машина

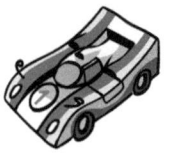

fiara mpihazakazaka

гоночний автомобіль

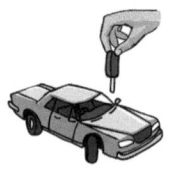

fiara fanofa

автомобіль на прокат

zara fiara

спільне користування авто

fiara etsy babeko

евакуатор

fiara mpitatitra fako

сміттєвоз

môtera

двигун

solika

паливо

tobin-tsolika

автозаправна станція

tondro fifamoivoizana

дорожній знак

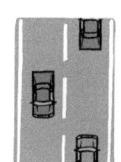

fifamoivoizana

рух

fitohanan'ny fifamoivoizana

затор

fitobian'ny fiara

стоянка

fiantsonan'ny fiaran-dalamby

вокзал

lalamby

рейки

fiaran-dalamby

потяг

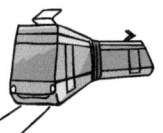

tramway

трамвай

kalesy

вагон

angidimby

гелікоптер

seranam-piaramanidina

аеропорт

tilikambo

вежа

mpandeha

пасажир

kaontenera

контейнер

baoritra

коробка

chariot

візок

harona

кошик

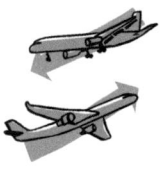

miainga / midina

стартувати / приземлятися

renivohitra

місто

ambanivohitra

село

afovoan-tanàna

центр міста

trano

дім

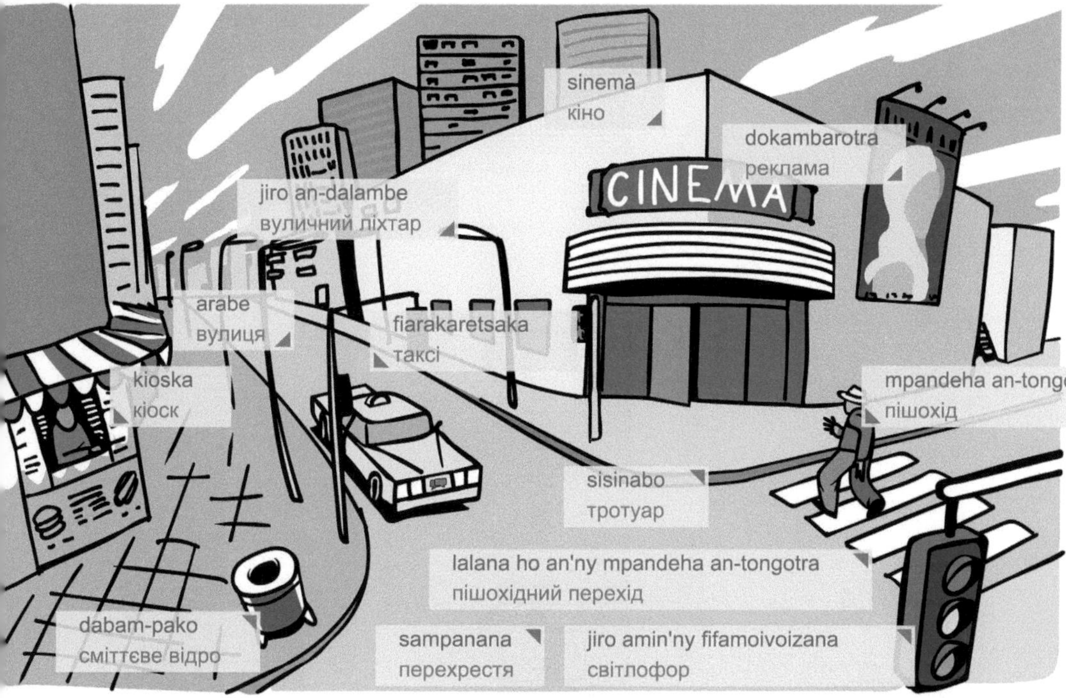

CINEMA
sinemà
кіно
dokambarotra
реклама
jiro an-dalambe
вуличний ліхтар
arabe
вулиця
fiarakaretsaka
таксі
kioska
кіоск
mpandeha an-tongot
пішохід
sisinabo
тротуар
lalana ho an'ny mpandeha an-tongotra
пішохідний перехід
dabam-pako
сміттєве відро
sampanana
перехрестя
jiro amin'ny fifamoivoizana
світлофор

trano bongo

хатина

tranobe

квартира

fiantsonan'ny fiaran-dalamby

вокзал

firaisana

ратуша

MUSEUM

donia

музей

sekoly

школа

oniversite

університет

banky

банк

hopitaly

лікарня

hôtely

готель

farmasia

аптека

birao

офіс

fivarotam-boky

книжковий магазин

fivarotana

магазин

mpivarotra voninkazo

квітковий магазин

supermarché

супермаркет

tsena

ринок

tranobe fivarotana

універмаг

mpivarotra trondro

торговець рибою

toeram-pivarotana lehibe

торговельний центр

seranana

гавань

valan-javaboary

парк

latabatra

лава

tetezana

міст

totohatra

сходи

metrô

метро

tonelina

тунель

fiantsonan'ny fiara
mpitondra olona

автобусна зупинка

bara

бар

toeram-pisakafoanana

ресторан

boatin-taratasy paositra

поштова скринька

famantarana an-arabe

вулична табличка

parcmètre

лічильник паркування

valan-javaboary

зоопарк

dobo filomanosana

басейн

moskea

мечеть

toeram-pambolena

ферма

loto

забруднення
навколишнього
середовища

fasana

кладовище

trano fiangonana

церква

tokontany filalaovana

дитячий майданчик

tempoly

храм

endritany
ландшафт

ravina
листок

tondro famantarana
вказівний стовп

làlana
шлях

kijana
луг

vato
камінь

hazo
дерево

mpihani-bohitra
мандрівник

renirano
річка

bozaka
трава

voninkazo
квітка

lemaka

долина

vohitra

гора

laka

озеро

ala

ліс

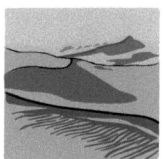

tany hay

пустеля

volkano

вулкан

rova

замок

avana

веселка

holatra

гриб

hazom-boanio

пальма

moka

комар

lalitra

муха

vitsika

мурашка

tantely

бджола

hala

павук

voangory

жук

sahona

жаба

vontsira

вивірка

trandraka

їжак

bitro

заєць

vorondolo

сова

vorona

птах

gisabe

лебідь

lambo

кабан

cerf

олень

voalavo

лось

toha-drano

гребля

helisy ahodin-drivotra

вітряк

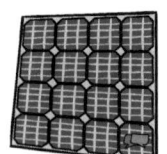

takela-masoandro

сонячний модуль

toetr'andro

клімат

toeram-pisakafoanana

ресторан

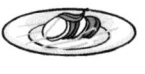

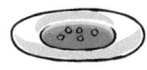

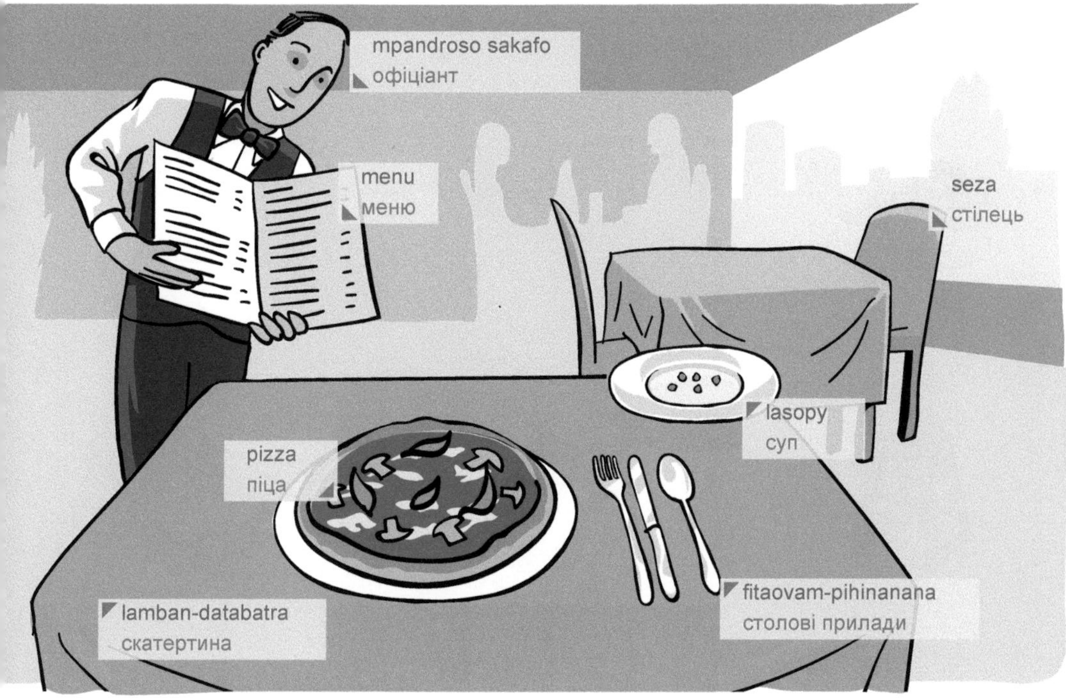
mpandroso sakafo
офіціант
menu
меню
seza
стілець
lasopy
суп
pizza
піца
lamban-databatra
скатертина
fitaovam-pihinanana
столові прилади

entrée

закуска

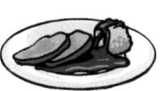

sakafo fototra

друга страва

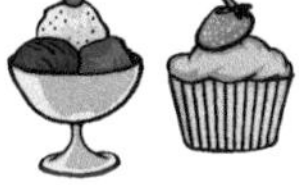

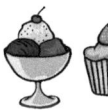

desera

десерт

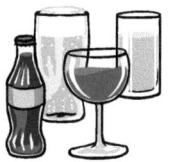

zava-pisotro

напої

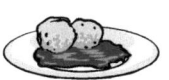

sakafo

їжа

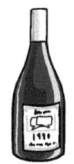

tavoahangy

пляшка

fast food

фаст-фуд

sakafo an-dalambe

вулична їжа

fitoerana dite

чайник

fitoeran-tsiramamy

цукорниця

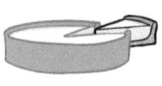

singany

порція

milina espresso

еспресо-машина

seza avo

високий стільчик

faktiora

рахунок

lovia fandrosoana sakafo

піднос

antsy

ніж

sotrorovitra

вилка

sotro

ложка

sotrokely

чайна ложка

servieta

серветка

vera

склянка

vilia

тарілка

vilian-dasopy

тарілка для супу

vilia bory

блюдце

saosy

соус

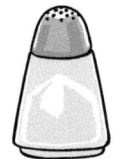

fitoeran-tsira

солонка

milina dipoavatra

млин для перцю

vinaingitra

оцет

solika

масло

zava-manitra

спеції

ketchup

кетчуп

voan-tsinapy

гірчиця

maionezy

майонез

supermarché

супермаркет

fihenam-bidy
пропозиція
FOR
mpividy
клієнт
sakafo avy amin'ny ronono
молочні продукти
voankazo
фрукти
chariot
візок для покупок

BUTCHERS

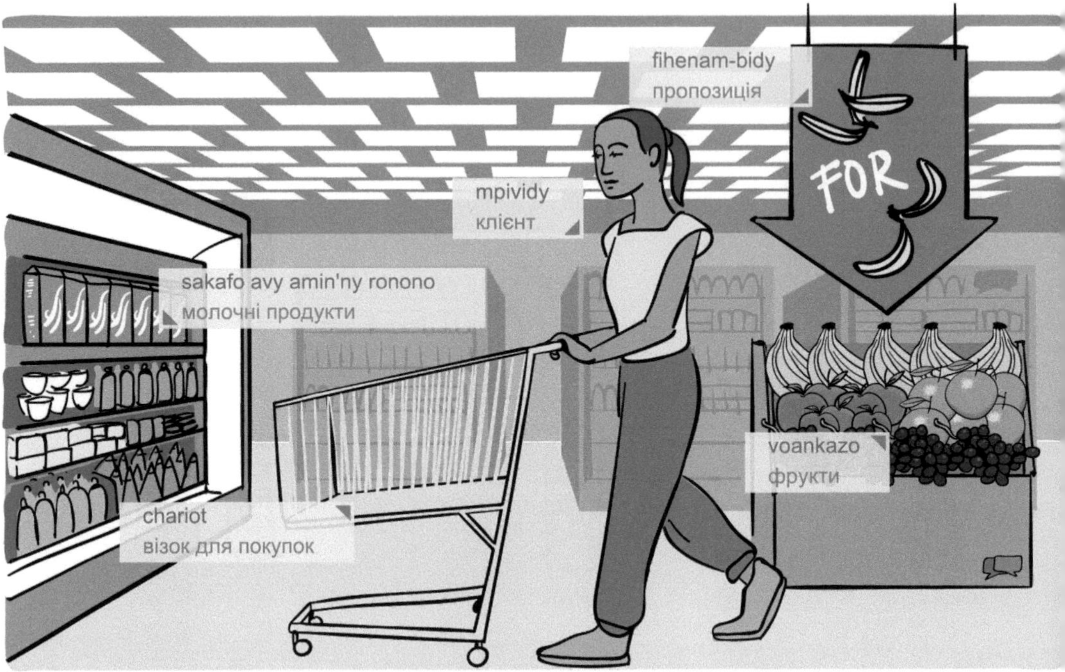

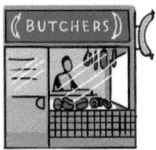

mpivaro-kena

м'ясний магазин

BAKERY

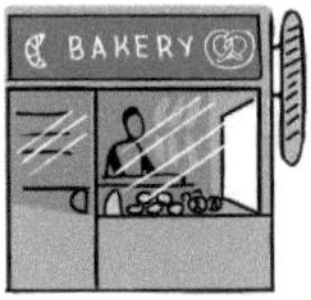

mpivarotra mofo

пекарня

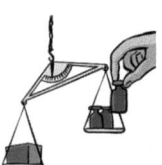

mandanja

зважувати

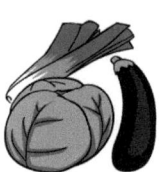

legioma

овочі

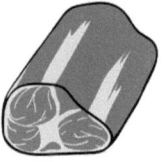

hena

м'ясо

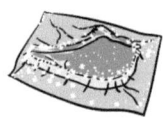

sakafo nampangatsiahana

заморожені продукти

hena voahendy

ковбасна нарізка

sakafo am-by fotsy

консерви

vovon-tsavony

пральний порошок

vatomamy

солодощі

fitaovana an-tokatrano

предмети домашнього побуту

fitaovana fanadiovana

мийний засіб

mpivarotra

продавщиця

toerana fandoavam-bola

каса

mpandray vola

касир

lisitry ny zavatra vidiana

список покупок

ora fiasana

часи роботи

portefeuille

гаманець

fahana amin'ny karatra

кредитна картка

harona

сумка

harona plastika

поліетиленовий пакет

rano

вода

ranom-boankazo

сік

ronono

молоко

coca

кола

divay

вино

labiera

пиво

toaka

алкоголь

sôkôlà mafana

какао

dite

чай

kafe

кава

espresso

еспресо

cappuccino

капучіно

akondro

банан

paoma

яблуко

laoranjy

апельсин

voatango

кавун

voasarimakirana

лимон

karaoty

морква

tongolo gasy

часник

volobe

бамбук

tongolo

цибуля

holatra

гриб

voamaina

горішки

paty

локшина

spaghetti

спагеті

vary

рис

salady

салат

ovy frity

картопля фрі

ovy voaendy

смажена картопля

pizza

піца

hamburger

гамбургер

sandwich

бутерброд

didin-kena

шніцель

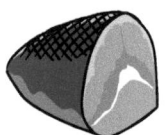

lambo sira

шинка

salami

салямі

saosisy

ковбаса

akoho

курка

hena mendy

печеня

trondro

риба

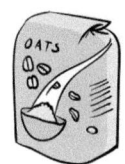

varin-tsoavaly

вівсяні пластівці

muesli

мюслі

cornflakes

кукурудзяні пластівці

lafarinina

борошно

croissant

круасан

mofodipaina kely

булочка

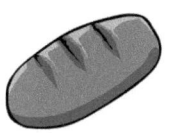

mofo

хліб

mofo natono

тостовий хліб

bisky

печиво

dobera

масло

fromazy fotsy

сир

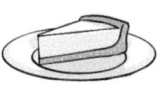

mofomamy

пиріг

atody

яйце

atody nendasina

яєчня

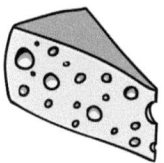

fromazy

сир

lagilasy

морозиво

siramamy

цукор

tantely

мед

kaonfitira

мармелад

crème nougat

нуга-крем

curry

карі

toeram-pambolena

ферма

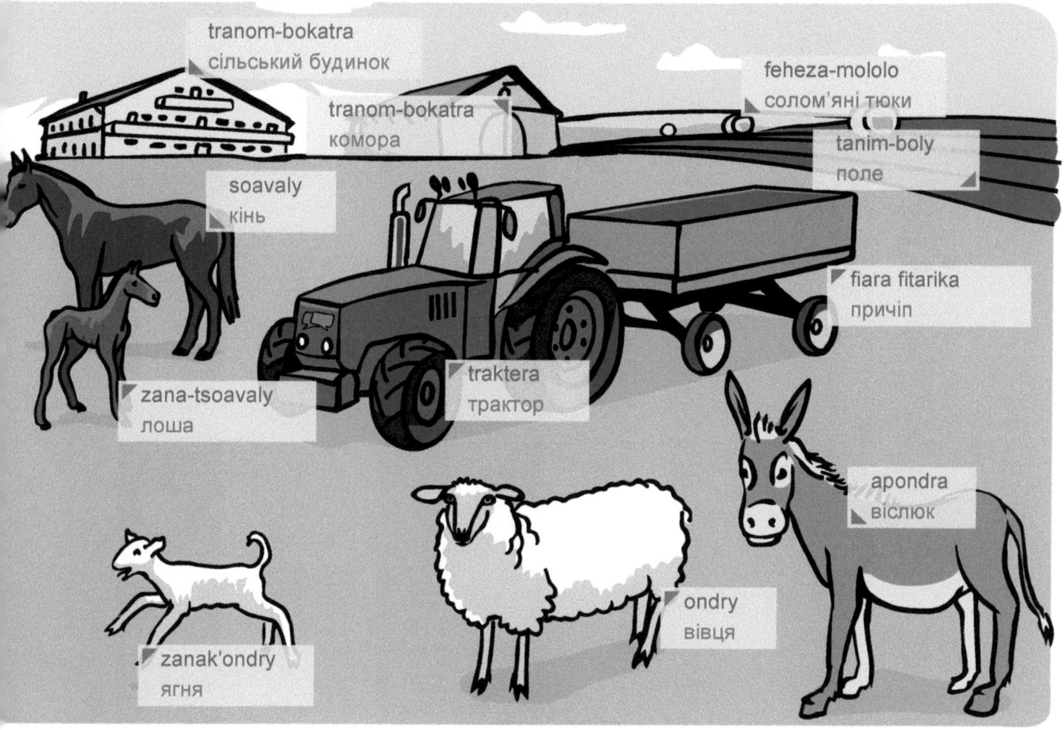

tranom-bokatra
сільський будинок
tranom-bokatra
комора
feheza-mololo
солом'яні тюки
tanim-boly
поле
soavaly
кінь
fiara fitarika
причіп
traktera
трактор
zana-tsoavaly
лоша
apondra
віслюк
ondry
вівця
zanak'ondry
ягня

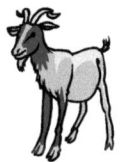

osy

коза

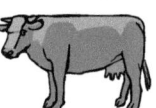

omby vavy

корова

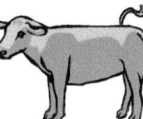

omby

теля

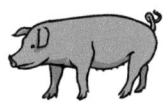

kisoa

свиня

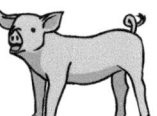

zana-kisoa

порося

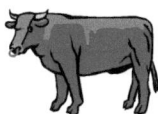

omby

бик

gisa

гусак

gana

качка

zanak'akoho

курча

akoho vavy

курка

akoho lahy

півень

voalavo

щур

saka

кіт

voalavo tondro

миша

omby

віл

alika

собака

tranon'alika

собача будка

fantsona fanondrahana rano

садовий шланг

fanondrahana

лійка

antsy biloka

коса

angadin'omby

плуг

antsim-bilona

серп

antsetra

мотика

farango vy

вила

famaky

сокира

borety

тачка

dababe

корито

boatin-dronono

бідон молока

harona

мішок

fefy

паркан

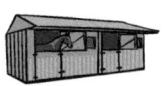

tranom-biby

хлів

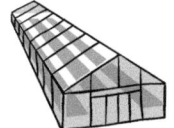

talatalan-jaridaina

теплиця

tany

ґрунт

ambeoka

насіння

zezika

добриво

milina mpijinja vokatra

комбайн

vokatra

пожинати

vokatra

урожай

saonjo

корінь ямсу

varimbazaha

пшениця

saozaha

соя

ovy

картопля

katsaka

кукурудза

colza

ріпак

hazo fihinam-boa

плодове дерево

mangahazo

маніок

voamadinika

злаки

toeram-pambolena - ферма

fivoahan-tsetroka
димохід

tafo
дах

gotera
водостічний лоток

varavarankely
вікно

garazy
гараж

lakolosim-baravarana
дзвінок

varavarana
двері

toeram-pako
відро для сміття

boatin-taratasy hafatra
поштова скринька

zaridaina
сад

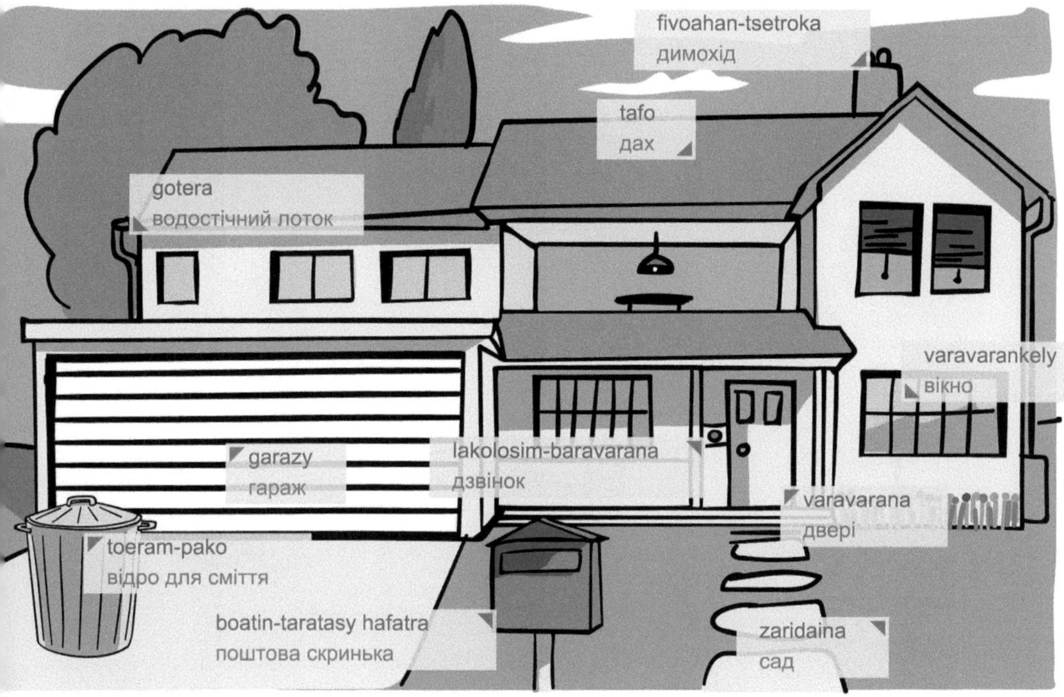

efitra fandraisam-bahiny

вітальня

efitra fandroana

ванна кімната

lakozia

кухня

efitra fatoriana

спальня

efitranon'ny ankizy

дитяча кімната

efi-trano fisakafoanana

їдальня

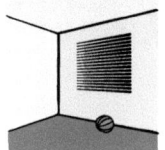

tany

підлога

rindrina

стіна

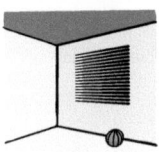

valindrihana

стеля

lakavy

підвал

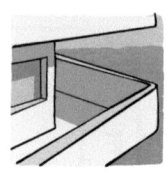

sauna

сауна

tsimahalavo

балкон

lavarangana

тераса

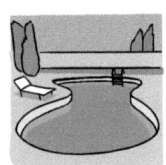

dobo filomanosana

басейн

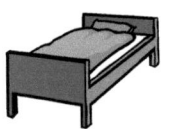

mpanapaka bozaka

косарка

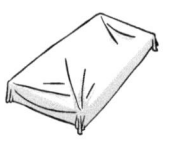

lambam-pandriana

простирало

koety

ковдра

fandriana

ліжко

kifafa

мітла

sô

відро

interrupteur

перемикач

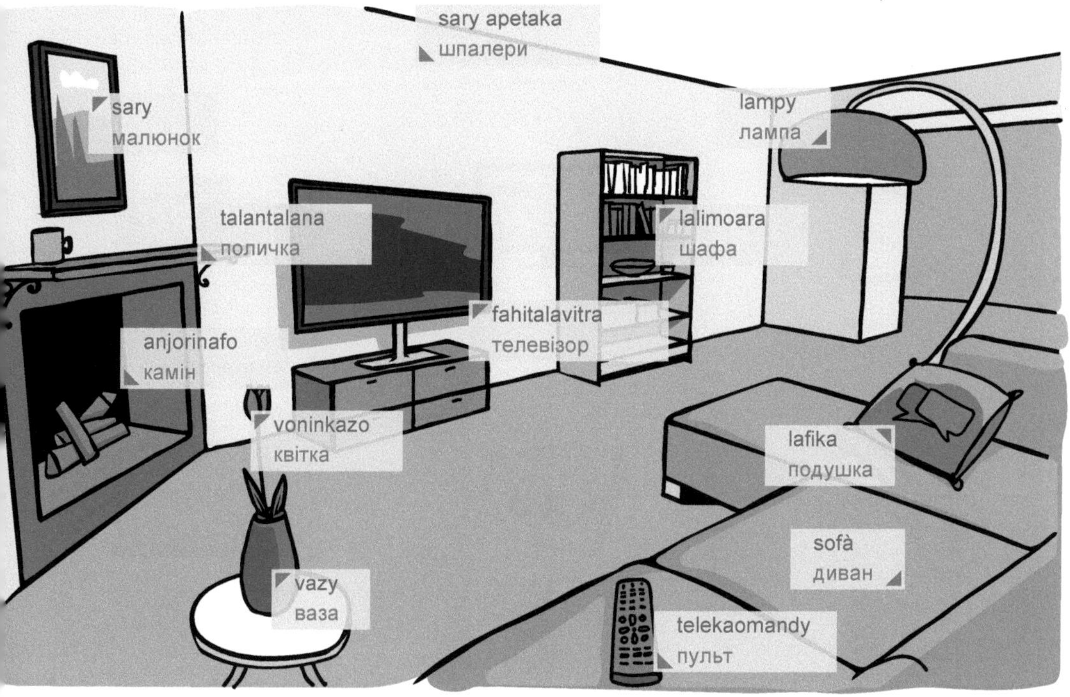

sary apetaka
шпалери

sary
малюнок

lampy
лампа

talantalana
поличка

lalimoara
шафа

anjorinafo
камін

fahitalavitra
телевізор

voninkazo
квітка

lafika
подушка

vazy
ваза

sofà
диван

telekaomandy
пульт

tapis

килим

takom-baravarana

завіса

latabatra

стіл

seza

стілець

seza savily

крісло-гойдалка

seza mihaja

крісло

boky

книга

lamba firakotra

ковдра

asa fandravahana

прикраса

hazo fandrehitra

дрова

horonantsary

фільм

fitaovana hi-fi

стереосистема

fanalahidy

ключ

gazety

газета

loko

картина

sary famantarana

плакат

radio

радіо

kahie fanao tadidy

блокнот

aspiratera

пилосос

raketa

кактус

labozia

свічка

lakozia

кухня

frizidera
холодильник
fatana micro-onde
мікрохвильова піч
fandanjana sakafo
кухонні ваги
milina fanendy mofo
тостер
fandiovana
мийний засіб
lafaoro
піч
talatalana fampangatsiahana
морозильне відділення
toeram-pako
відро для сміття
fanadiovana vilia
посудомийна машина

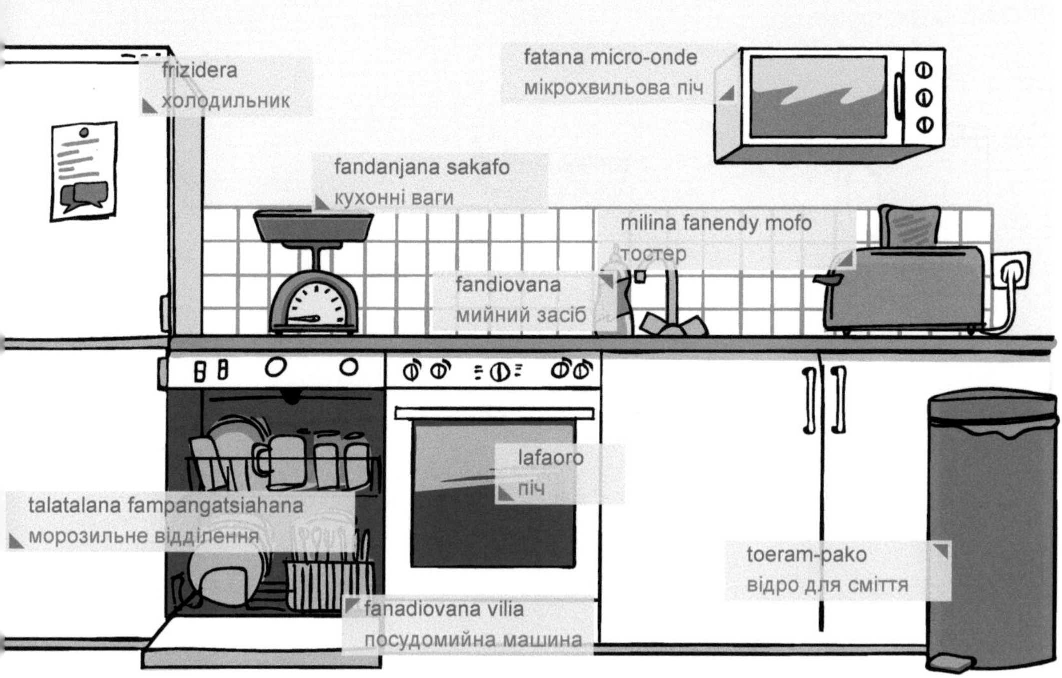

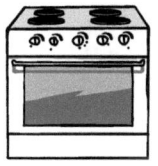

lafaoro

плита

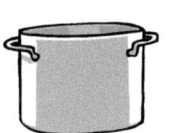

vilany

горщик

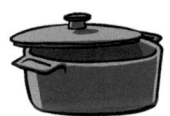

vilany vy

чавунний горщик

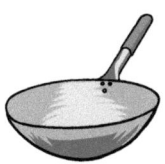

wok / kadai

вок / кадай

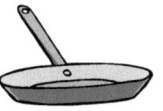

lapoaly

сковорода

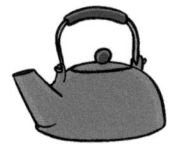

fitaovana fampangotrahana rano

чайник

vilany mandeha entona

пароварка

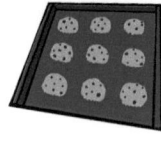

lovia fisaka

лист

fitaovan-dakozia

посуд

zinga

кухоль

vilia baolina

чаша

hazokely fihinanana

палички для їжі

sotrobe lavatango

черпак

spatule

лопатка

fanakapohana atody

вінчик для збивання

fanatantavanana

сито

lovia sivana

сито

fanakikisana

терка

laona

ступка

kiendiendy

барбекю

fivoahan'ny setroka

багаття

akalana fitetehana

дошка

kodia fandamàna koba

качалка

fisontonana bosoa

штопор

boaty

конзерва

fanokafana boaty

відкривачка

fitazomana vilany

прихватки

lavabô

раковина

borosy

щітка

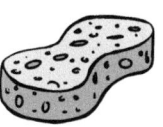

spaonjy

губка

miksera

міксер

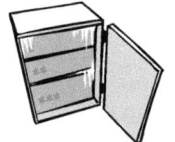

fitaovana fampangatsiahana

морозильна камера

tavoahanginono

дитяча пляшка

paompy

кран

efitra fandroana
ванна кімната

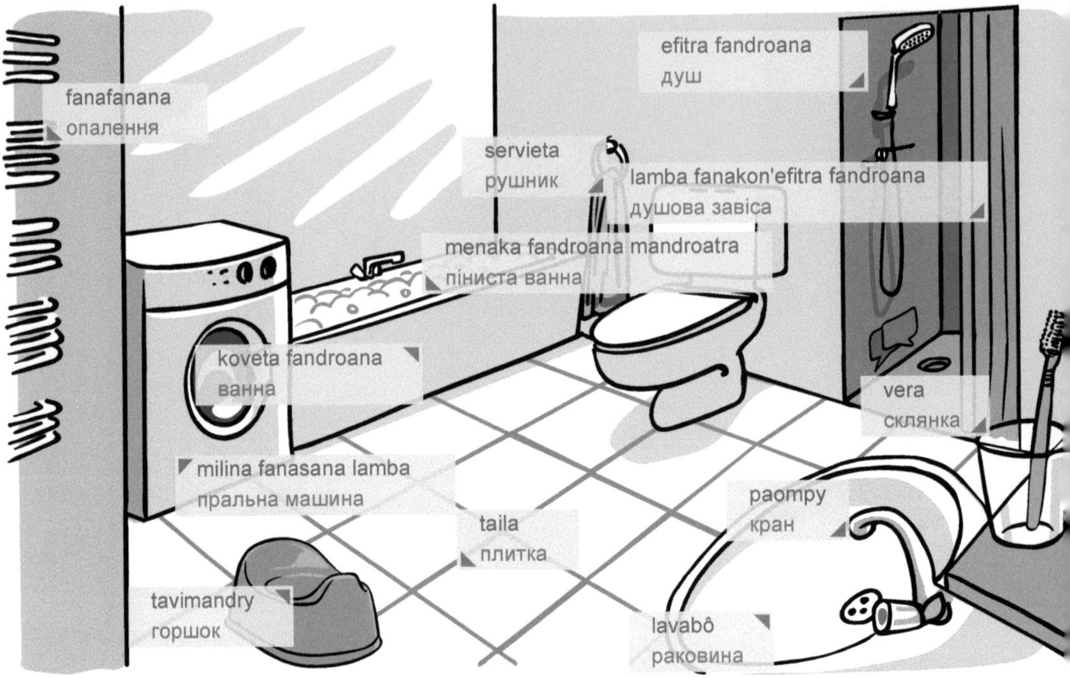

efitra fandroana
душ

fanafanana
опалення

servieta
рушник

lamba fanakon'efitra fandroana
душова завіса

menaka fandroana mandroatra
пініста ванна

koveta fandroana
ванна

vera
склянка

milina fanasana lamba
пральна машина

taila
плитка

paompy
кран

tavimandry
горшок

lavabô
раковина

efitrano fidiovana

туалет

kabone mitsingo

підлоговий туалет

bidet

біде

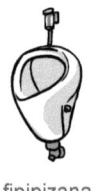

fipipizana

пісуар

taratasy fidiovana

туалетний папір

borosy fampiasa an-kabone

щітка для туалету

borosinify

зубна щітка

famotsia-nify

зубна паста

kofehy fanadiova-nify

нитка для чищення зубів

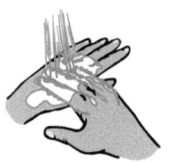

manasa

мити

fisaika enti-tànana

ручний душ

fanadiovana fivaviana

інтимний душ

kovetabe

таз

borosin-damosina

щітка для спини

savony

мило

el fampiasa rehefa misaika

гель для душу

shampoo

шампунь

fonon-tànana enti-misaika

мочалка

tsiranoka

водостік

crème fanosotra

крем

fanalana fofona

дезодорант

fitaratra

дзеркало

fitaratra fihaingo

косметичне дзеркало

hareza

бритва

raotra fiharatra

піна для гоління

menaka haratra

лосьйон після гоління

fiogo

гребінь

borosy

щітка

fitaovana fanamainam-bolo

фен

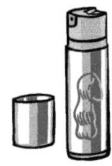

atsifotra amin'ny volo

лак для волосся

fikarakarana tarehy

косметика

lokomena

губна помада

haingo hoho

лак для нігтів

vohavohan-dandihazo

вата

fanapahana hoho

ножиці для нігтів

ranomanitra

парфум

fitoerana fitaovana an-kabone

косметичка

sezabory

табурет

fandanjana olona

ваги

akanjo enti-matory

халат

fonon-tànana enti-manadio

гумові рукавички

servieta fanary

тампон

lamba fampiasa amin'ny fadimbolana

гігієнічні прокладки

kabone simika

біотуалет

efitranon'ny ankizy

дитяча кімната

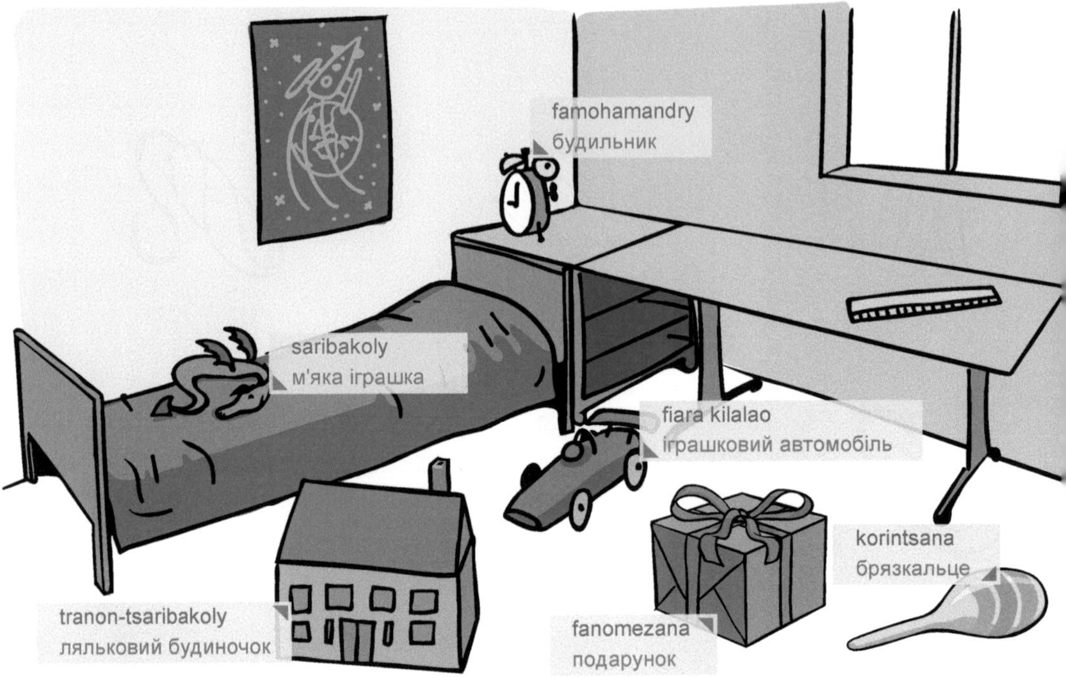
famohamandry
будильник
saribakoly
м'яка іграшка
fiara kilalao
іграшковий автомобіль
korintsana
брязкальце
tranon-tsaribakoly
ляльковий будиночок
fanomezana
подарунок

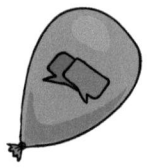

balaonina

повітряна кулька

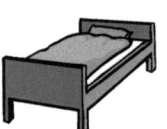

fandriana

ліжко

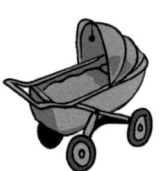

posety

дитячий візок

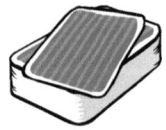

lalao karatra

картярська гра

puzzle

пазл

SUPER
MEGA

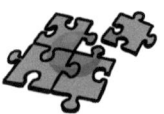

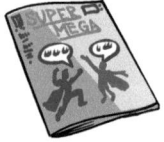

sariitatra

комікс

lalao legô

лего цеглинки

kilalao fananganana trano

блоки

sarivongana kely

іграшкова фігурка

grenera

повзунки

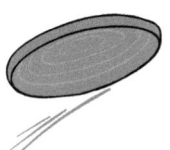

Frisbee

фризбі

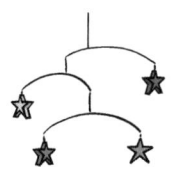

mobile

мобіле

jeu de société

настільна гра

kodiakely

кубик

lamasinina kely

модель залізнична станція

solonono

соска

fety

вечірка

boky feno sary

книжка з картинками

baolina

м'яч

saribakoly

лялька

milalao

грати

kovetam-pasika

пісочниця

savily

гойдалка

kilalao

іграшка

kilalao video

гральна консоль

tricycle

триколісний велосипед

teddy orsa

плюшевий мішка

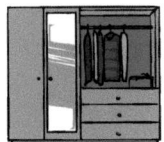

fitoeran'akanjo

шафа

akanjo

одяг

bà kiraro

шкарпетки

bàn-tongotra

панчохи

akanjo manara-batana

колготки

foloara
шарф

fehin-kibo
ремінь

elo
парасоля

t-shirt
футболка

baoty
чоботи

kapa fitondra an-tranо
домашнє взуття

kiraro tenisy
кросівки

kapa
сандалі

kiraro
взуття

baoty fingotra
гумові чоботи

atinakanjo
труси

tatinono
бюстгальтер

akanjo feno
нижня сорочка

akanjo - одяг

45

vatana

боді

pataloha

штани

jean

джинси

zipo

спідниця

akanjo ambony

блузка

lobaka

сорочка

pull

пуловер

akanjo sarotro

светр

palitao

піджак

palitao

куртка

palitao

пальто

akanjo aro-orana

дощовик

akanjo fianjaika

костюм

fitafim-behivavy

сукня

akanjon'ny ampakarina

весільна сукня

akanjo fianjaika

костюм

akanjo-mandry

нічна сорочка

pijamà

піжама

sari

сарі

sarondoha

головна хустка

turban

чалма

burqa

бурка

kaftan

кафтан

abaya

абая

akanjo fitondra milomano

купальник

akanjo fitondra milomano

плавки

pataloha fohy

шорти

akanjo fitena

тренувальний костюм

tablie

фартух

fonon-tànana

рукавички

bokotra

гудзик

solomaso

окуляри

brasele

браслет

rojo

ланцюг

peratra

кільце

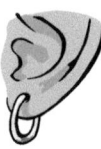

kavina

сережка

satroka

шапка

fanantonana palitao

плічка

satroka

капелюх

fehivozo

краватка

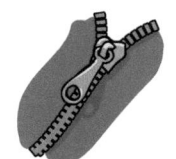

hidikorisa

застібка-блискавка

aroloha

шолом

beritelo

підтяжки

fanamian'ny mpianatra

шкільна форма

fanamiana

уніформа

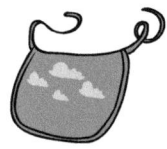

bavoara

нагрудник

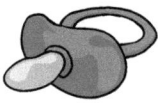

solonono

соска

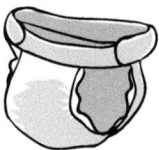

taty

підгузок

birao

офіс

serveur
сервер
lalimoara fitahirizana
шаф для документів
taratasy
папір
mpanao pirinty
принтер
efijoro
монітор
latabatra
письмовий стіл
voalavo tondro
миша
klasera
папка
klavie
синтезатор
fanariana fako taratasy
кошик для паперу
solosaina
комп'ютер
seza
стілець

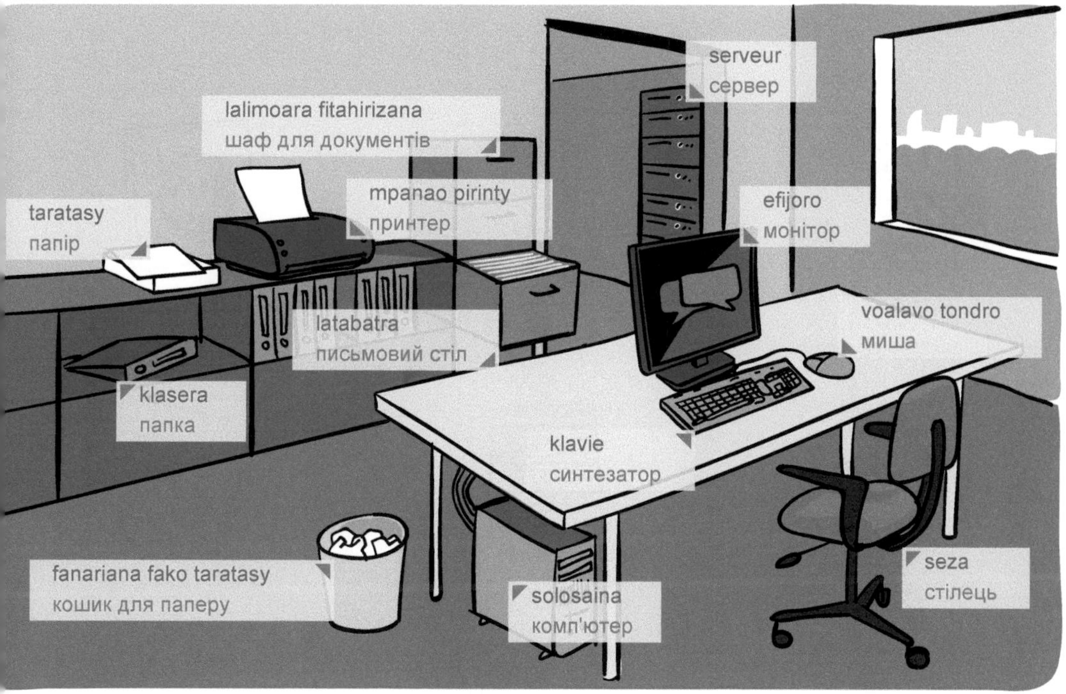

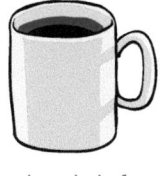

kaopin-kafe

кавовий кухоль

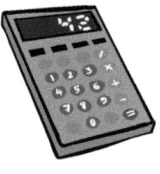

mpikajy

калькулятор

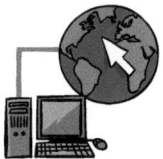

aterineto

інтернет

solosaina maivana

ноутбук

taratasy

лист

hafatra

повідомлення

mobile

мобільний телефон

tambajotra

мережа

imprimante

копіювальний пристрій

rindrambaiko

програмне забезпечення

finday

телефон

prizy

розетка

fax

факс

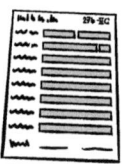

efitra fenoina

бланк

fehezan-taratasy

документ

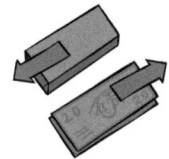

mividy

купувати

mandoa vola

платити

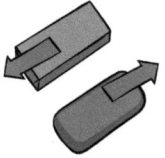

misera

торгувати

vola

гроші

dôlara

долар

euro

євро

yen

ієна

rouble

рубль

Franc suisse

франк

renminbi yuan

юанів женьміньбі

roupie

рупія

fangalàna vola

банкомат

toerana fanakalozana vola

обмінний пункт

volamena

золото

volafotsy

срібло

solika

нафта

angovo

енергія

vidiny

ціна

fifanekena

контракт

hetra

податок

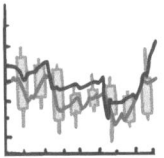

action borsa

акція

miasa

працювати

mpiasa

працівник

mpampiasa

роботодавець

orinasa

фабрика

fivarotana

магазин

mpitandro filaminana
поліцейський

mpamonjy voina
пожежник

mahandro
повар

dokotera
лікар

mpanamory
пілот

mpikarakara zaridaina

садівник

mpandrafitra

столяр

vehivavy mpanjaitra

швачка

mpitsara

суддя

mpahay simia

хімік

mpilalao sarimihetsika

актор

mpamily fiara fitateram-bahoaka

водій автобуса

mpamily fiarakaretsaka

таксист

mpanjono

рибалка

vehivavy mpanadio

прибиральниця

mpanao tafo

покрівельник

mpandroso sakafo

офіціант

mpihaza

мисливець

mpandoko

художник

mpanao mofo

пекар

elektrisianina

електрик

mpanao trano

будівельник

injeniera

інженер

mivaro-kena

забійник

plombier

бляхар

faktera

листоноша

asa - професії

miaramila

солдат

mpanao mari-trano

архітектор

mpandray vola

касир

mpivarotra voninkazo

флорист

mpanao volo

перукар

mpizara tapakila

кондуктор

mpahay mekanika

механік

kapiteny

капітан

mpitsabo nify

дантист

siantifika

вчений

raby

рабин

imam

імам

moanina

монах

pretra

пастор

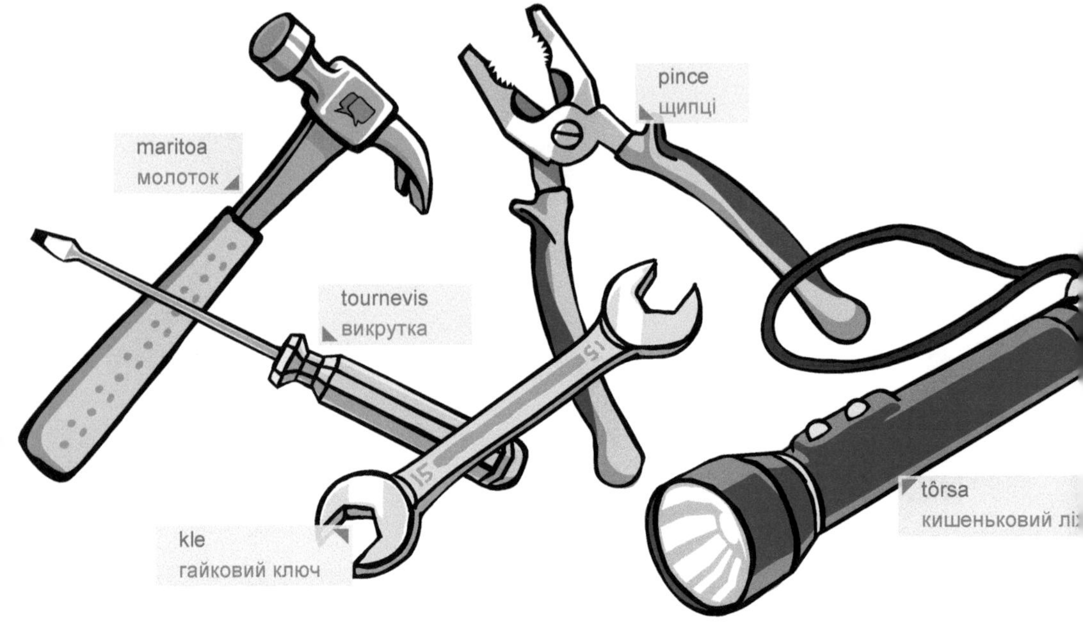

maritoa
молоток

pince
щипці

tournevis
викрутка

kle
гайковий ключ

tôrsa
кишеньковий лі

pelleteuse

екскаватор

boaty fanisy fitaovana

ящик для інструментів

tohatra

драбина

tsofa

пилка

fantsika

цвяхи

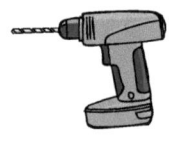

perceuse

свердло

manarina

ремонтувати

lapela

лопата

Куу!

лайно!

angadim-pako

совок

boatin-doko

відро з фарбою

visy

гвинти

zava-maneno
музичні інструменти

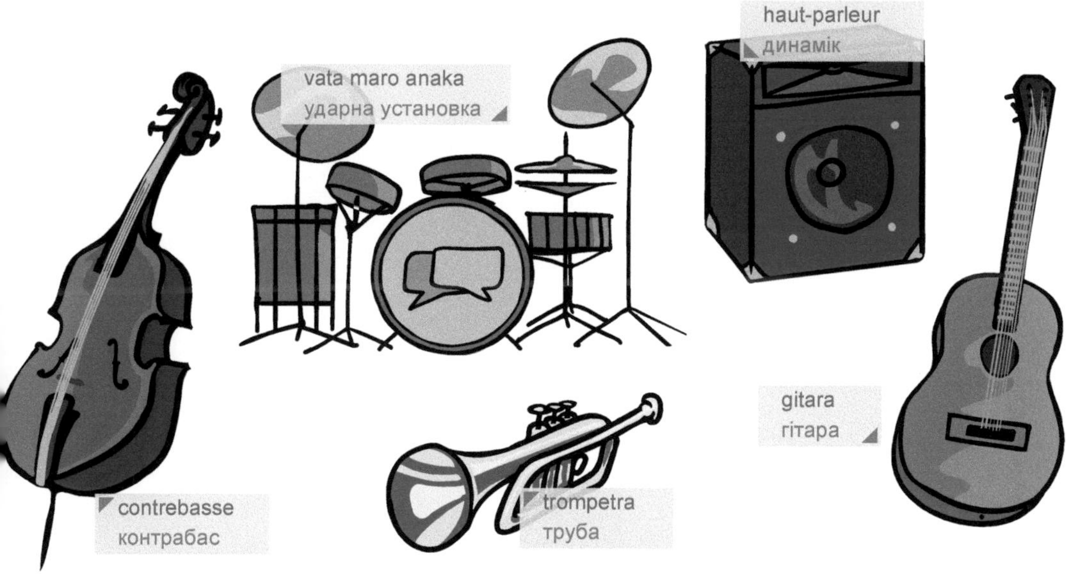

vata maro anaka
ударна установка

haut-parleur
динамік

gitara
гітара

contrebasse
контрабас

trompetra
труба

vata maro afitsoka

фортепіано

lokanga

скрипка

basse

бас

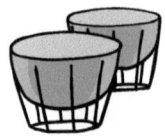

amponga timpani

литаври

aponga

барабан

klavie

клавіатура

saksa

саксофон

sodina

флейта

mikrao

мікрофон

valan-javaboary
зоопарк

fidirana
вхід

tigra
тигр

tranon-gadra
клітка

zebra
зебра

sakafom-biby
корм

pandà
панда

biby

тварини

elefanta

слон

kangoroa

кенгуру

rinôserôsy

носоріг

gôrila

горила

orsa

ведмідь

rameva

верблюд

aotrisy

страус

liona

лев

rajako

мавпа

sama

фламінго

boloky

папуга

orsa polera

білий ведмідь

pengoa

пінгвін

atsantsa

акула

vorombola

павич

bibilava

змія

voay

крокодил

mpiandry valan-javaboary

працівник зоопарку

fôko

тюлень

jagoara

ягуар

poney

поні

leopara

леопард

hipôpôtamo

гіпопотам

zirafa

жираф

voromahery

орел

lambo

кабан

trondro

риба

sokatra

черепаха

môrsa

морж

renard

лисиця

gazely

газель

Football amerikana
американський футбол

hazakazaka am-bisikileta
їзда на велосипеді

tennis
теніс

baskety
баскетбол

lomano
плавання

hockey an-dranomandry
хокей

boxe
бокс

baolina kitra

футбол

badminton

бадмінтон

atletisma

легка атлетика

handball

гандбол

ski

лижні перегони

polo

поло

raharaha

дії

mihomehy
сміятися
itsambikina
грибати
mamihina
обіймати
mandeha
йти
mihira
співати
manonofy
мріяти
mivavaka
молитися
manoroka
цілувати

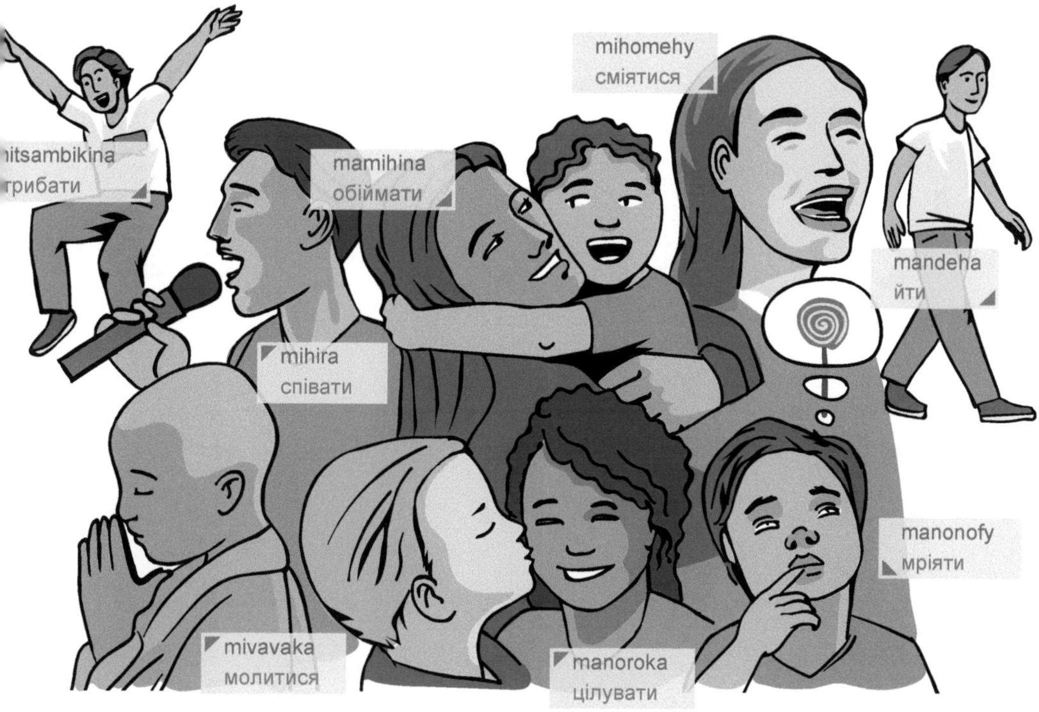

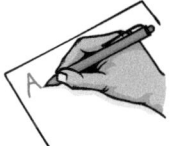

manoratra

писати

manao sary

малювати

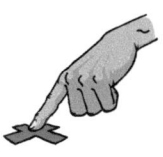

maneho

показувати

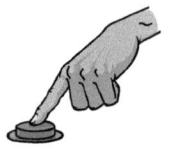

manosika

тиснути

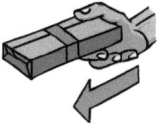

manome

давати

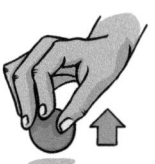

mandray

брати

manana

мати

manao

робити

mizovy

бути

mijoro

стояти

mihazakazaka

бігати

misintona

тягнути

manary

кидати

lavo

падати

mandry

лежати

miandry

очікувати

mitondra

носити

mipetraka

сидіти

miakanjo

одягати

matory

спати

mifoha

просипатися

mijery

дивитися

mitomany

плакати

fahatapahan'ny lalan-dra

гладити

fiogo

розчісувати

miresaka

розмовляти

mahay

розуміти

milaza

питати

mihaino

слухати

misotro

пити

mihinana

їсти

mandamina

прибирати

mitia

любити

mahandro

варити

mamily

їхати

lalitra

літати

miandriaka

йти під вітрилом

mikajy

рахувати

mamaky

читати

mianatra

вчитися

miasa

працювати

mivady

одружуватися

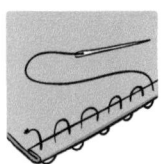

manjaitra

шити

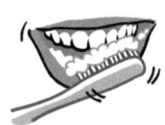

miborosy nify

чистити зуби

mamono

убивати

mifoka

курити

mandefa

посилати

renibe
бабуся

dadabe
дідуся

ray
батько

reny
мати

zaza
немовля

zanaka vavy
донька

zanaka lahy
син

vahiny

гість

nenitoa

тітка

dadatoa

дядько

rahalahy

брат

rahavavy

сестра

vatana

тіло

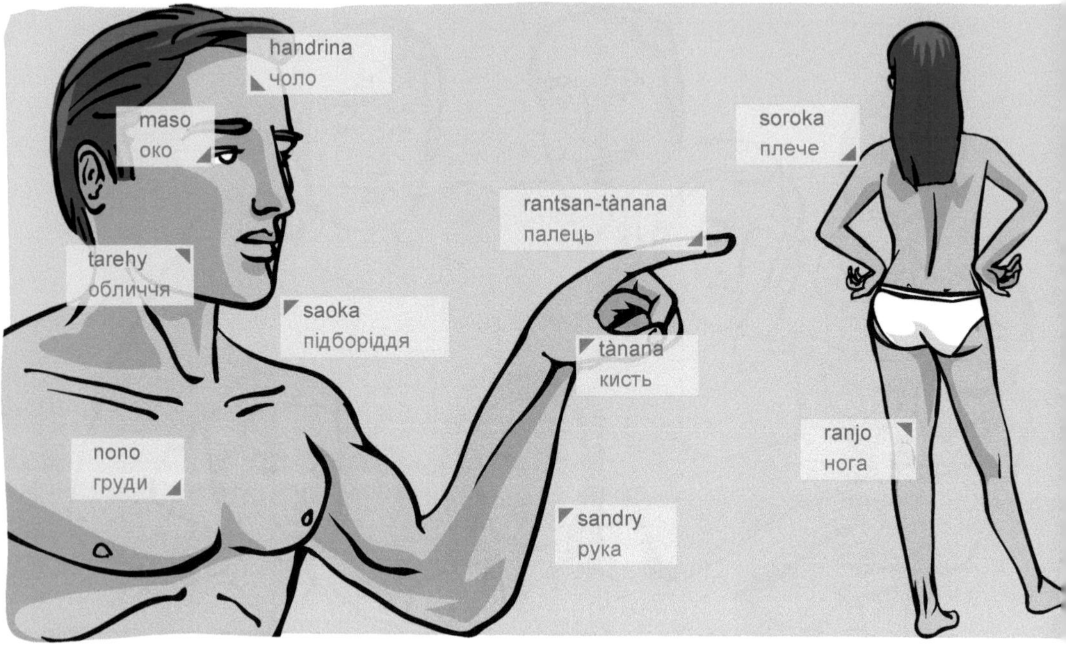
handrina
чоло
maso
око
soroka
плече
rantsan-tànana
палець
tarehy
обличчя
saoka
підборіддя
tànana
кисть
ranjo
нога
nono
груди
sandry
рука

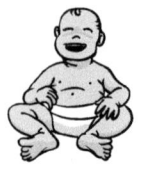

zaza

немовля

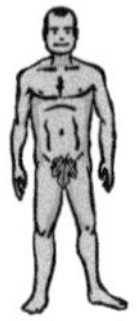

lehilahy

чоловік

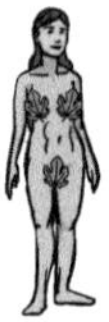

vehivavy

жінка

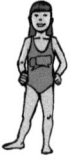

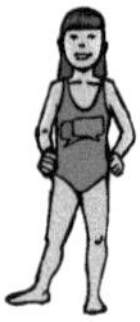

vavy

дівчина

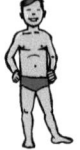

lahy

хлопчик

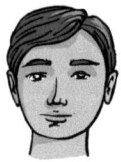

loha

голова

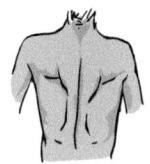

lamosina

спина

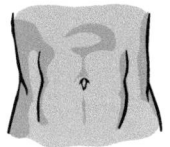

kibo

живіт

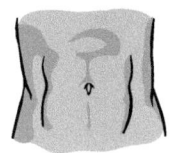

foitra

пуп

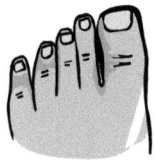

rantsan-tongotra

палець ноги

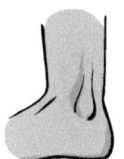

voditongotra

п'ята

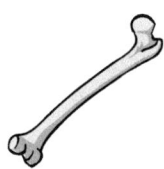

taolana

кістка

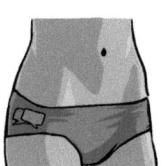

valahana

стегно

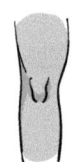

lohalika

коліно

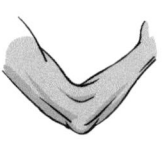

kiho

лікоть

orona

ніс

vody

сідниці

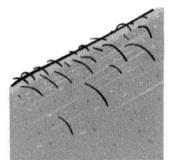

hoditra

шкіра

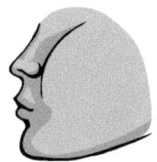

takolaka

щока

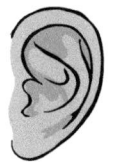

sofina

вухо

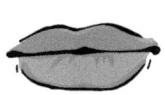

molotra

губа

vava

рот

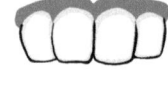

nify

зуб

lela

язик

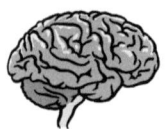

saina

мозок

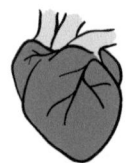

fo

серце

ozatra

м'яз

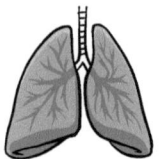

havokavoka

легені

aty

печінка

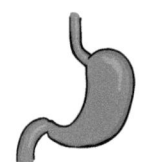

vavony

шлунок

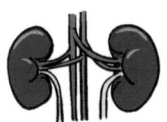

voa

нирки

firaisana ara-nofo

статевий акт

fimailo

презерватив

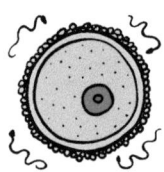

tsirivavy

яйцеклітина

ranonaina

сперма

vohoka

вагітність

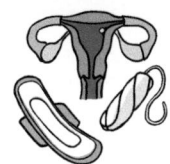

fadimbolana

менструація

fivaviana

вагіна

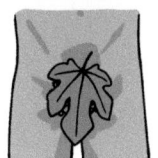

filahiana

пеніс

volomaso

брова

volo

волосся

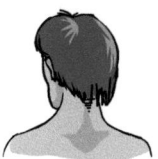

tenda

шия

hopitaly
лікарня

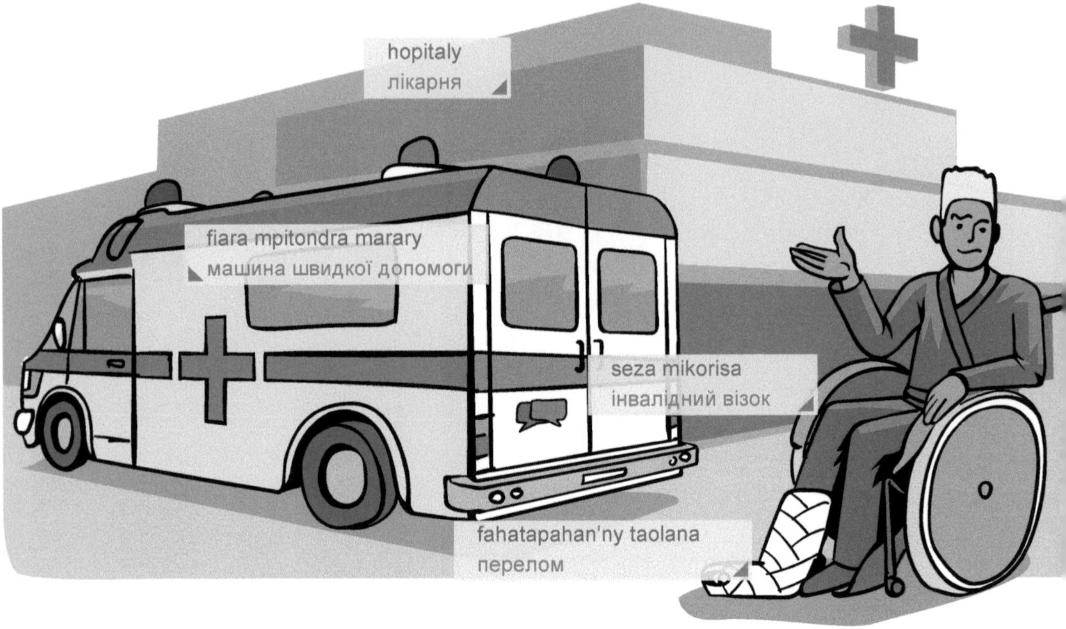

hopitaly
лікарня
fiara mpitondra marary
машина швидкої допомоги
seza mikorisa
інвалідний візок
fahatapahan'ny taolana
перелом

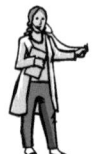

dokotera

лікар

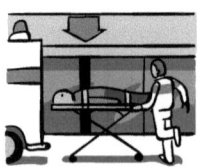

efitra vonjy taitra

відділення швидкої медичної допомоги

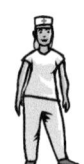

mpitsabo mpanampy

медсестра

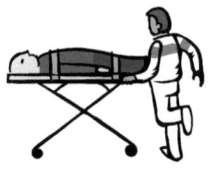

vonjy taitra

аварійний випадок

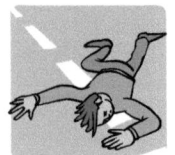

tsy mahatsiaro tena

непритомний

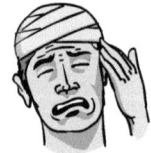

fanaintainana

біль

faharatràna

травма

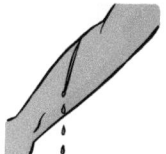

mandeha rà

кровотеча

aretim-po

інфаркт

fahatapahan'ny lalan-dra

інсульт

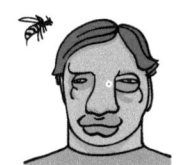

tsy fahazakana sakafo

алергія

kohaka

кашель

tazo

лихоманка

gripa

грип

fivalanana

пронос

aretin'an-doha

головна біль

homamiadana

рак

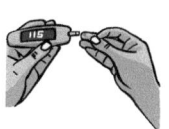

diabeta

діабет

dokotera mpandidy

хірург

antsy fandidiana

скальпель

fandidiana

операція

TC
KT

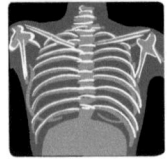

taratra X
рентген

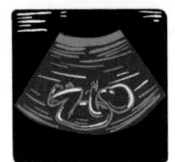

ekôgrafia
ультразвук

saron-tava
маска

aretina
хвороба

efitrano fiandrasana
зал очікування

tehina
милиця

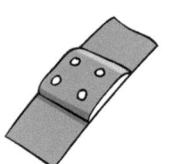

taha fery
пластир

bandy
пов'язка

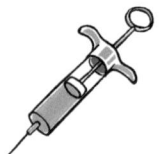

tsindrona
ін'єкція

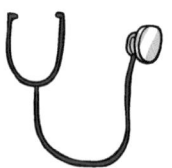

stetoskopy
стетоскоп

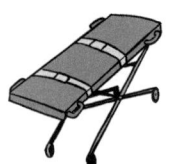

filanjana marary
ноші

fitaovana fitsapana
hafanana
термометр

fahaterahana
народження

hatavezana tafahoatra
надмірна вага

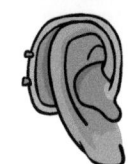

fitaovana fandrenesana

слуховий апарат

famonoana mikraoba

дезінфікуючий засіб

fifindràna aretina

інфекція

viriosy

вірус

VIH / SIDA

ВІЛ / СНІД

fitsaboana

медицина

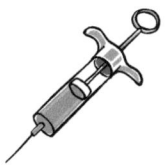

vaksiny

вакцинація

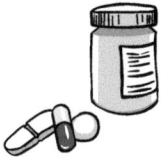

pilina

таблетки

pilina

протизаплідна пігулка

antso vonjy taitra

екстрений виклик

fitaovana fitsapana tosi-drà

тонометр

marary / salama

хворий / здоровий

Vonjeo!

Допоможіть!

antso fanairana

сигнал тривоги

herisetra

напад

vono

атака

loza

небезпека

fivoahana raha misy loza

аварійний вихід

Afo!

Вогонь!

fitaovam-pamonoana afo

вогнегасник

loza

аварія

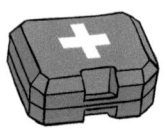

fitaovam-pitsaboana
vonjimaika

аптечка

SOS

СОС

pôlisy

поліція

Eoropa

Європа

Amerika avaratra

Північна Америка

Amerika atsimo

Південна Америка

Afrika

Африка

Azia

Азія

Aostralia

Австралія

Atlantika

Атлантика

Pasifika

Тихий океан

Ranomasimbe Indiana

Індійський океан

Oseana Antarktika

Антарктичний океан

Oseana Arktika

Північний Льодовитий
океан

Tendrotany avaratra

Північний полюс

Tendrotany atsimo

Південний полюс

Antarktika

Антарктика

tany

Земля

tany

суша

ranomasina

море

nosy

острів

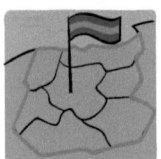

tanindrazana

нація

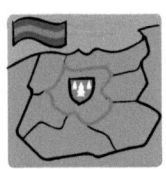

firenena

держава

tavam-pamantaranandro
....
циферблат

tondro ora
....
годинникова стрілка

tondro minitra
....
хвилинна стрілка

tondro segondra
....
секундна стрілка

Amin'ny firy izao?
....
Котра година?

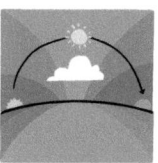

andro
....
день

fotoana
....
час

izao
....
зараз

famantaranandro niomerika
....
цифровий годинник

minitra
....
хвилина

ora
....
година

тиждень

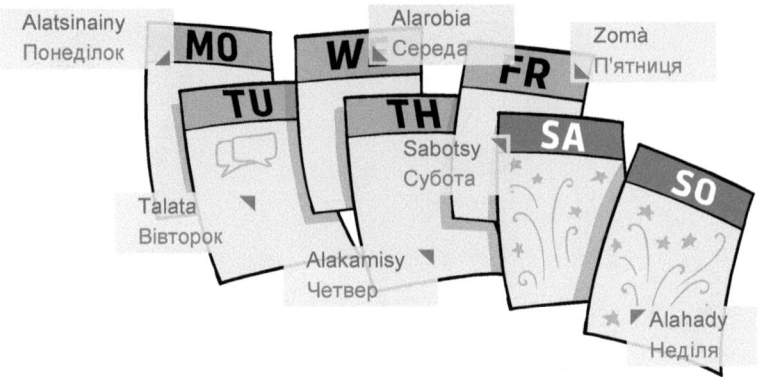

Alatsinainy
Понеділок

MO

Alarobia
Середа

W

Zomà
П'ятниця

FR

TU

TH

SA

Talata
Вівторок

Sabotsy
Субота

SO

Alakamisy
Четвер

Alahady
Неділя

omaly

вчора

androany

сьогодні

ampitso

завтра

maraina

ранок

atoandro

опівдні

hariva

вечір

adro fiasàna

робочі дні

faran'ny herinandro

кінець робочого тижня

taona

рік

orana
дощ
avana
веселка
ranomandry
сніг
rivotra
вітер
lohataona
весна
fararano
осінь
vanin-taona maina
літо
ririnina
зима

4.APRIL 11°
5.APRIL 4°
6.APRIL 13°
7.APRIL 8°
8.APRIL 10°

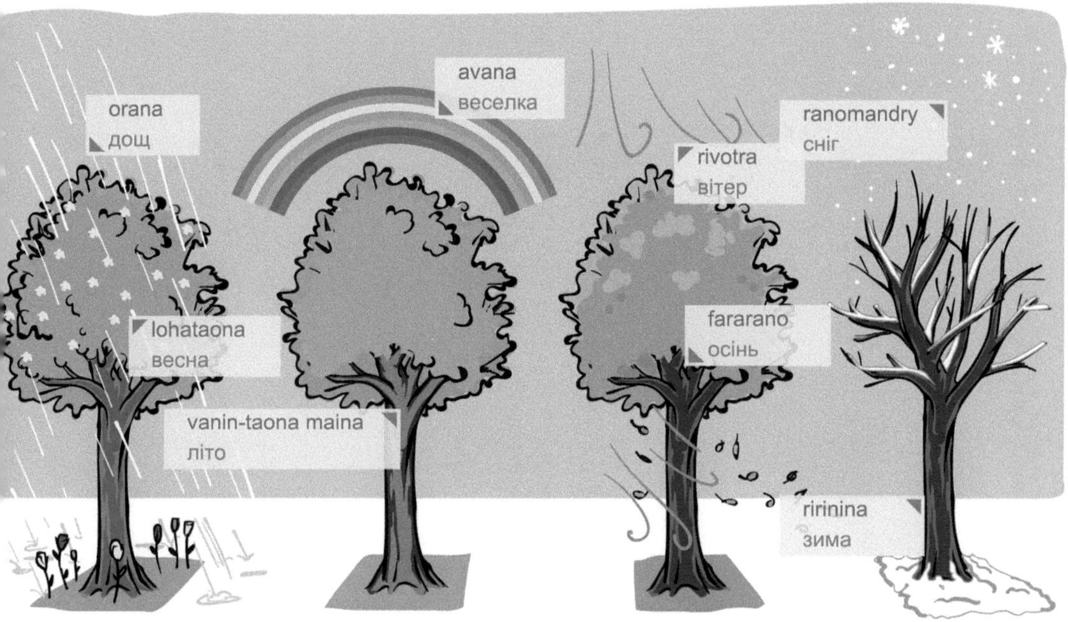

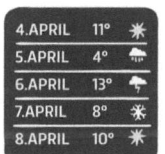

vinavina ara-toetrandro

прогноз погоди

F C
120 40
90 30
60 20
30 10
0 0
-30 -10
-20

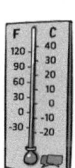

thermomètre

термометр

tara-masoandro

сонячне світло

rahona

хмара

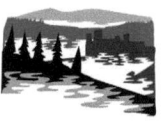

zavona

туман

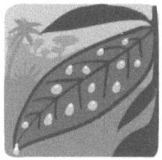

hamandoana

вологість повітря

tselatra

блискавка

kotroka

грім

tafio-drivotra

шторм

havandra

град

fahavaratra

мусон

tondra-drano

повінь

vaingan-drano

лід

Janoary

Січень

Febroary

Лютий

Martsa

Березень

Avrila

Квітень

Mey

Травень

Jiona

Червень

Jolay

Липень

Aogositra

Серпень

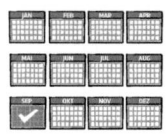

Septambra
....
Вересень

Oktobra
....
Жовтень

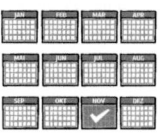

Novambra
....
Листопад

Desambra
....
Грудень

endrika
форми

boribory
....
круг

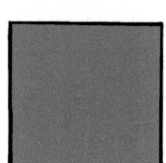

efamira
....
квадрат

efajoro
....
прямокутник

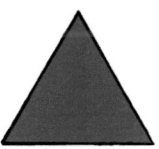

telozoro
....
трикутник

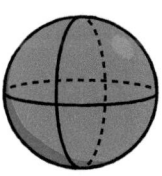

bola
....
куля

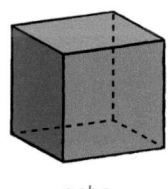

goba
....
куб

fotsy

білий

mavo

жовтий

laoranjy

помаранчевий

mavokely

рожевий

mena

червоний

voloparasy

фіолетовий

manga

синій

maitso

зелений

volotany

коричневий

volondavenona

сірий

mainty

чорний

betsaka / vitsy

багато / мало

tezitra / tony

лютий / мирний

tsara / ratsy

гарний / бридкий

fiandohana / fiafarana

початок / кінець

lehibe / kely

великий / малий

mazava / maloka

світлий / темний

rahalahy / rahavavy

брат / сестра

madio / maloto

чистий / брудний

feno / banga

завершений /
незавершений

andro / alina

день / ніч

maty / velona

мертвий / живий

malalaka / tery

широкий / вузький

azo hanina / tsy fihinana

їстівний / неїстівний

tsivalahara / tsara fanahy

злий / дружній

endratra / sorena

збуджений / нудьгуючий

matavy / mahia

товстий / тонкий

voalohany / farany

спочатку / востаннє

mpinamana / mpifahavalo

друг / ворог

feno / foana

повний / порожній

mafy / malefaka

жорсткий / м'який

mavesatra / maivana

важкий / легкий

noana / mangetaheta

голод / спрага

marary / salama

хворий / здоровий

tsy ara-dalàna / ara-dalàna

незаконний / законний

mahay / vendrana

розумний / дурний

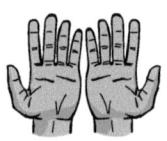

havia / havanana

вліво / вправо

akaiky / lavitra

поруч / далеко

vaovao / tranainy

новий / використаний

tsy misy / misy

нічого / щось

antitra / tanora

старий / молодий

mandeha / maty

вкл / викл

mivoha / mihidy

відкрито / закрито

mangina / mitabataba

тихо / гучно

manankarena / mahantra

багатий / бідний

marina / diso

правильно / неправильно

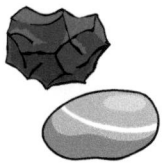

marokoroko / malama

шорсткий / гладкий

malahelo / faly

сумний / щасливий

fohy / lava

короткий / довгий

mora / faingana

повільно / швидко

mando / maina

вологий / сухий

mafana / mangatsiaka

гарячий / холодний

ady / fahalemana

війна / мир

числа

0

aotra

нуль

1

iray

один

2

roa

два

3

telo

три

4

efatra

чотири

5

dimy

п'ять

6

enina

шість

7

fito

сім

8

valo

вісім

9

sivy

дев'ять

10

folo

десять

11

iraikambinifolo

одинадцять

12

roambinifolo

дванадцять

13

teloambinifolo

тринадцять

14

efatrambinifolo

чотирнадцять

15

dimiambinifolo

п'ятнадцять

16

eninambinifolo

шістнадцять

17

fitoambinifolo

сімнадцять

18

valoambinifolo

вісімнадцять

19

siviambinifolo

дев'ятнадцять

20

roapolo

двадцять

100

zato

сто

1.000

arivo

тисяча

1.000.000

tapitrisa

мільйон

Anglisy

англійська

Anglisy amerikana

американська англійська

Fiteny sinoa mandarina

китайська
високочиновницька

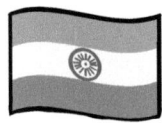

Hindi

хінді

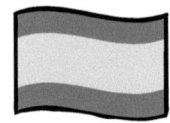

Espaniola

іспанська

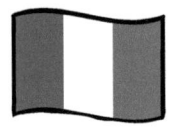

Frantsay

французька

Fiteny arabo

арабська

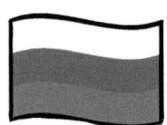

Fiteny rosiana

російська

Portogey

португальська

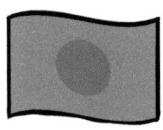

Bengaly

бенгальська

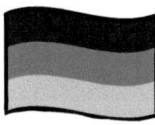

Alemà

німецька

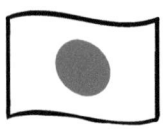

Japoney

японська

izaho

я

ianao

ти

izy / io

він / вона / воно

isika

ми

ianao

ви

zareo

вони

iza?

хто?

inona?

що?

ahoana?

як?

aiza?

де?

oviana?

коли?

anarana

ім'я

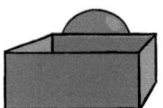

aorina

ззаду

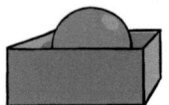

anaty

в

anoloana

перед

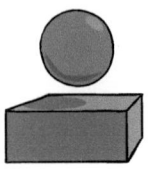

any

над

ambony

на

ambany

під

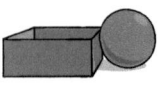

ankila

біля

afovoany

між

toerana

місце